AF563047

PAROLES D'UN FOU

A TOUS LES PARTIS.

15 CENTIMES.

PARIS,
JULES LAISNÉ, LIBRAIRE-ÉDITEUR,
GALERIE VÉRO-DODAT, 1.
1849

PAROLES D'UN FOU

A TOUS LES PARTIS.

Poissy. — Typographie Arbieu.

PAROLES D'UN FOU

A TOUS LES PARTIS.

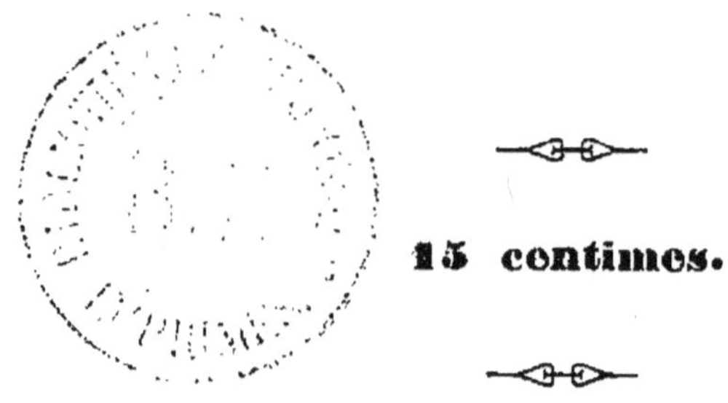

15 centimes.

PARIS,
JULES LAISNÉ, LIBRAIRE-ÉDITEUR,
GALERIE VÉRO-DODAT, 1.
1849

PAROLES D'UN FOU A TOUS LES PARTIS.

La France, si l'on en croit bien des gens de toutes couleurs, n'est ni royaliste, ni républicaine, ni orléaniste, ni bonapartiste ; elle est partout incertaine, et à la recherche d'une situation définitive.

Il semblerait que la France prend à bail depuis 40 ans, soit une monarchie ou quasi-monarchie, soit tout autre pouvoir, avec réserve de donner congé avant l'expiration du bail. Elle en use, peut-être en abuse-t-elle. A qui la faute? Il n'y a aujourd'hui en France ni foi, ni patriotisme, ni probité politique ; les intérêts matériels sont tout : sans argent vous êtes méprisé et partout éconduit.

Les premiers révolutionnaires sont, depuis l'Empire, les hommes qui, de 1817 à 1830, ont conspiré le renversement de la monarchie ; ces révolutionnaires n'auraient pas voulu de successeurs ; ils croyaient avoir fait une révolution pour eux, ils n'ont été que des agents dont la mission était au-dessus de leurs forces. Depuis 1830, la France a plus produit de fous que d'hommes d'Etat.

Pour que la République fût durable et forte, il faudrait qu'elle se fît pouvoir absolu. Le gouvernement dit gouvernement royal constitutionnel est un mensonge.

Il n'y a que deux pouvoirs : *la royauté légitime* ou *le peuple*, choisissez.

Ce qui fait qu'il n'y a pas de pouvoir durable et possible en France depuis 40 ans, c'est que la bourgeoisie veut représenter l'ancienne aristocratie et le peuple ; qu'elle n'a ni les qualités ni les défauts de la première, ni le désintéressement ni le courage du second.

Les hommes du 24 février 1848 ne seront considérés que comme des émeutiers heureux, s'ils n'ont ni le talent ni le courage de mettre leur œuvre à fin. Il semble que la victoire dans leurs mains leur ait cassé bras et jambes ; et ceux venus depuis gouvernent comme leurs devanciers, au jour le jour!

Si cela continue, le peuple sera tout à fait roi ; alors on pourra se passer de bien des choses parfaitement inutiles, et peut-être les choses utiles se feront-elles.

Il n'y a pas un homme de 40 ans, intelligent, bon et honnête patriote, qui oserait, la main sur le cœur, affirmer qu'on peut gouverner la France avec la presse libre ; en effet, qui comprend cette propriété dite de l'intelligence, à l'aide de laquelle vous croyez avoir le droit de mépriser, désobéir, rire de toutes les lois de votre pays, de compromettre et de ternir l'honneur et la fortune des citoyens, et contre laquelle propriété les lois sont impuissantes? et si vous mettez le feu à votre maison, on vous condamne à mort.

Les magistrats qui ont dit que la presse était une propriété respectable n'ont pas dit vrai, car la magistrature hait la presse au fond du cœur ; mais elle en use comme d'une chose dont on n'ose pas dire tout le mal qu'on en pense.

Une chose bien difficile, impossible, c'est de faire, par les magistrats, aimer la République. La magistrature est d'essence royale. Les magistrats ne se croient-ils pas les Rois de tous les pouvoirs?

Moi, fou, je croirai à la République qui aura fait un bail de 10 ans avec les Français!

Un grand malheur arrivé au pays, c'est le jour où des magistrats on a fait des hommes politiques.

Quelle bizarre chose qu'un magistrat courant mendier le vote d'un justiciable!

Le jour où le peuple a vu qu'un magistrat voulait être député, et que, comme un journaliste, un banquier, un épicier, il allait de porte en porte offrir sa profession de foi politique, le peuple n'a plus cru aux lois.

Autrefois le peuple croyait que le magistrat, c'était la loi faite homme.

Les justiciables ne devraient savoir ni le nom ni la demeure du magistrat.

Que cela serait beau si le magistrat ne savait jamais la demeure du plaideur !

Vous voyez bien que la politique a gâté bien des choses.

Où allons-nous ? se dit-on en se rencontrant. Quel sera le pouvoir?

Lequel ?

Mais...... ?

Mais, mais lequel !

Comptons :

Est-ce la République rouge ?

Est-ce la République blanche, honnête et modérée?

Est-ce la République impériale?

Est-ce Henri V?

Est-ce l'Empereur?

Est-ce le citoyen Comte de Paris ?

Ou l'un de ses oncles?

Enfin, est-ce la Constitution ?

Car, enfin, le peuple a de quoi choisir : toujours la ritournelle, à chaque révolution, où allons-nous ?

Pardieu, d'où nous venons......

Là, soyons de bonne foi, si c'est encore possible ; demandons-nous si depuis 50 ans nous ne battons pas l'eau.

A l'exception d'un seul homme qui n'a pas pris le temps de se reposer sur la terre, qu'avons-nous fait ?

Voilà, de bon compte, trois générations, pas un homme, non pas un homme ; à quoi cela tient-il ? est-ce à l'éducation donnée aux hommes depuis 40 ans qu'il faut en imputer la faute ?

Est-ce que, semblable à cette terre qu'on a fait produire à force d'engrais, elle est devenue stérile ?

Est-ce que la France, comme ces arbres épuisés, ne peut plus produire que des fleurs, jamais de fruits?

Est-ce que le pouvoir absolu est seul capable de faire produire à la France de grands hommes ?

Est-ce que, Messieurs, tels et tels auraient jamais été ce qu'ils ont été sans le pouvoir absolu de 1810 ?

En France, c'est le chef de l'État qui fait les hommes. Tout vient d'en haut, a-t-on dit, bien ou mal.

Ou bien, est-ce que les institutions actuelles sont ou viciées, ou caduques ? Je les croirais plutôt atteintes du premier mal.

Alors voyons, si ce n'est pas cela, faites-en donc de fortes lois, bien patriotiques, législateurs nés d'un orage; mais de grâce ne vous moquez pas du peuple plus longtemps.

Est-ce que par hasard vous croyez qu'on fait le bonheur du peuple avec des révolutions tous les quinze ans?

Est-ce que vous oseriez assurer que depuis trente ans vous avez fait le bonheur de la France? Voyez où vous êtes arrivés : plus de religion pratiquée dans les masses, sans laquelle, sachez-le, vous ne gouvernerez jamais longtemps; plus de patriotisme, qui est aussi une religion; plus de désintéressement dans les hautes classes, plus de dignité. Je sais bien que sur tous les tons, avec une foule d'instruments plus ou moins flexibles (l'argent du peuple aidant), vous disiez que la France était le pays le plus heureux, le plus riche, le mieux administré de tous. Oui, oui, vous nous disiez cela, comme ce pécheur qui fait son *meâ culpâ* bien fort, bien haut; mais qui ne se corrige pas.

Et si le peuple parfois ne se révoltait pas contre ses maîtres, comme les écoliers qui ne les respectent plus, parce qu'ils sont ignorants ou vicieux, vous iriez toujours, toujours, en disant : Le peuple est heureux !

Je vous dirai dans un autre accès de folie ce que c'est que le peuple en 1849 ; et les vrais abus à détruire; mais continuons.

Ah ! vous croyez que c'est une petite affaire que de gouverner une grande nation, MM. de la bourgeoisie et gens d'argent; car remarquez que je ne vous honore pas du titre de financiers; vous, des financiers, allons donc ! des banquiers, soit : M. Ouvrard, M. de Villèle étaient des financiers.

Ah ! vous croyez qu'on peut impunément se mettre à la tête d'un grand peuple et puis ne rien faire pour lui ni dans le présent, ni surtout dans l'avenir ?

Qu'il n'y a qu'à prendre les choses faites sans s'occuper de détruire les abus et sans constamment penser au bien à faire ? Ah ! vous croyez, Messieurs les politiques bâtards ; et pourtant le peuple depuis trente ans vous attend ; trois fois en trente ans il vous a donné des avertissements, et puis en 1848 vous fermez les yeux à la lumière, et puis vous croyez que vous allez remettre les ailes au moulin pour faire même farine? Allons donc, mes très-chers, vous êtes aussi fous que moi. Dans le vieux temps, les rois savaient à quelles conditions on peut gouverner un grand peuple ; mais en ces temps-là les hommes d'Etat étaient véritablement responsables envers le roi et le peuple. Lisez l'histoire de ces ministres jugés de leur temps et par l'histoire. Vous rappelez-vous ce mot de François Ier, le jour où les députés du parlement lui apportaient à signer la sentence qui condamnait le chancelier Poyet, seulement à la confiscation de ses biens et à la perte de sa charge, pour avoir prévariqué ? « J'ai été élevé dans la persuasion intime qu'un chancelier de France *ne devait perdre sa charge qu'avec sa tête.* »

Mais faites attention, vous allez devenir des fous méchants et dès lors dangereux. Comment! vous persistez à dire que tout est pour le mieux et puis recommencer votre ron, ron !! — Pauvres fous !...

Nous avons des canons, dites-vous..... Et vous croyez que c'est avec des canons qu'on guérit le mal qui dévore depuis trente ans une grande nation ? Des canons ! mais c'est par les culasses, maîtres Bridoisons, qu'ils feront feu, et sur qui alors ?.....

Vous savez bien où est le mal, et vous savez bien où est le remède ; mais vous ne voulez pas qu'on touche cette boîte-là.

La société, sachez-le bien, se guérira sans vous, comme ce malade abandonné par des médecins ignorants.

Vous ne voulez pas extirper le mal avec de bonnes lois qui,

je le sais, blesseraient bien des intérêts privés, mais sauveraient les intérêts des masses et ceux de tous enfin. Vous avez le mal de la peur.

En 1793, des lois rigoureuses ont laissé plus d'un mort sur le champ de bataille. La société a-t-elle péri? ou a-t-elle été sauvée? Voyons, vous tous à la tête de la société aujourd'hui, vous n'êtes ni des Montmorency, ni des Condé, ni des La Trémouille; sans cette révolution de 92 que seriez-vous? Et vous calomniez vos pères! Taisez-vous, si tout haut vous n'osez honorer leur mémoire.

Oui, vous tous, les puissants du jour, les parleurs, vous êtes des enfants dégénérés du peuple qui reniez vos pères; mais vos noms nouveaux, vos fortunes acquises, à qui devez-vous cela? mais à ces lois cruelles et généreuses à la fois qui vous ont fait ce que vous êtes; et aujourd'hui, loin de continuer pacifiquement comme vous le pouviez, comme vous le pouvez encore, cette grande œuvre de régénération, vous parlez de canons!

Allez, allez, le grand législateur l'a dit, que celui qui se sert de l'épée périra par l'épée.

Attendez.....

Voyez quel aveuglement. En mai, juin 1848, c'était le peuple qui voulait chasser l'Assemblée; alors l'armée, la garde nationale se battait pour couvrir, au besoin, sauver l'Assemblée nationale.

Aujourd'hui en 1849, c'est le peuple qui veut qu'on respecte la Constitution, et ce sont les autres qui veulent la détruire; de quel côté est la bonne foi?

Ne pourrait-on pas de cet enseignement tirer cette conséquence: c'est qu'en mai et en juin 1848, le peuple avait des défiances; aujourd'hui elles sont calmées et il veut garder ce qu'il a;

Et qu'aujourd'hui les véritables ennemis de la République ont peur de la Constitution et du vote universel?

Moi, pauvre fou, je le reconnais, la royauté est impossible avec le vote universel; c'est aussi pour cela que le peuple paraît y tenir tant; car, croyez-le bien, tout est là, et c'est la seule conquête du peuple en février 1848.

Serait-il vrai que le règne des rois soit passé et que celui des peuples commençât? A qui doit-on ce grand changement?

Si le peuple croit pouvoir se gouverner, vous, les grands politiques, qui depuis trente ans faites par vos écrits l'éducation révolutionnaire du peuple, de quoi vous plaignez-vous? Faites-en donc l'essai de bonne foi.

Vraiment, il me prend parfois l'idée de croire que vous êtes plus fous que moi ; car voyons, depuis trente ans c'est à qui de vous prêchera le plus haut possible sur tous les tons : le peuple doit se gouverner ; à lui le droit de faire ceci, le pouvoir de faire cela. Bien ; mais voilà que le peuple est aujourd'hui souverain, il veut user de son droit, avoir largement la part que vous lui avez faite et promise ; et voilà que vous mettez autant de zèle, d'activité à lui retirer ce qu'il a entre les mains, que vous avez mis de persistance à le lui faire conquérir. En vérité je ne sais où sont les fous. Vous avez donc été de faux prophètes ou des incapables. Si les lois que vous promettez au peuple depuis trente ans doivent être fortes, durables, respectées, fondées sur les principes éternels que vous dites que les rois tenaient sous le boisseau, je ne vois pas pourquoi la France ne serait pas républicaine.

Si cela est impossible, pourquoi, vous, les grands politiques de 1817 à 1830, et de 1830 à 1847, avez-vous persisté à tromper le peuple? Alors, petits grands hommes, vous reviendrez aux Rois, mais aux Rois absolus ; car ne vous faites pas illusion : avec les Rois il faut noblesse, clergé, liberté non illimitée de la presse, entendez bien cela ; et voilà pourquoi tous ces tiraillements depuis 1817 : c'est que tous les grands hommes venus sur la scène politique depuis trente ans ne sont ni royalistes, ni républicains, que peut-être aujourd'hui ils sentent que le char les emporte ; ils n'ont pas le courage de marcher en avant, toujours en avant, à la grande conquête, avec les peuples qu'ils ont remués à leur profit, et ils ont aussi peur de retourner en arrière où le mépris des peuples les attend.

Puis vous, Messieurs les royalistes, il faut bien que vous ayez aussi quelque peur que le peuple se gouverne bien sans vous, puisque toujours vous cherchez à le paralyser dans la fondation et l'accomplissement de son œuvre. Est-ce que vous aimeriez la royauté pour vous et non pour le peuple ? mais alors vous êtes ou fous ou méchants. Sachez-le bien, les royautés ne sont possibles désormais qu'à la condition d'être Roi des peuples, et voici comment je mettrais ma folie en pratique :

Un Roi grand, noble, aimant la France, sa gloire, sa prospérité, premier protecteur du peuple :

Une noblesse de sang, ou d'épée, de mérite et de services rendus non au roi, mais au pays, sans distinction de naissance, donnant toujours au peuple l'exemple de l'amour de la patrie, des bonnes mœurs, du désintéressement surtout ;

Un clergé humain, tolérant, religieux, simple ;

Une justice véritablement à bon marché ; des magistrats non politiques, magistrats seulement, observateurs des lois, devant lesquels tous les citoyens seraient véritablement égaux, se respectant eux-mêmes comme ils veulent être respectés, espèce de sacerdoce, garantie pour tous ;

Un commerce probe dans ses actes, régulier dans les affaires, honnête dans ses traités ou ses ventes, patient dans le gain, s'attachant à obtenir le respect et la confiance du plus grand nombre, ennemi de la fraude, de l'usure, de toute spéculation déhontée, simple dans ses mœurs, prenant pour juge avant tout sa conscience et l'estime de soi-même, sans ambition déréglée, ennemi de la politique qui ne peut s'allier avec les devoirs et les avantages du véritable commerce.

Et si le peuple de France, duquel en définitive sortent les grandes noblesses, les beaux faits de gloire, n'est pas heureux, n'est pas bon, humain, valeureux, avec ces exemples-là constamment sous les yeux, je ne croirai plus à rien, moi, si incrédule.

Cessez ce verbiage :

République rouge, mot inventé en haine de la vraie République.

République honnête et modérée, qui cache un mensonge.

République démocratique et *sociale*, grosse chose incomprise ou trop comprise.

Quand ne trompera-t-on plus le peuple avec des mots?

Allez, hommes de 1817 à 1847, vous êtes aujourd'hui bien connus.

N'étiez-vous pas des révolutionnaires de 1817 à 1830 ?

Vous, les autres venus après, détrônant vos devanciers, n'étiez-vous pas des révolutionnaires de 1830 à 1847? et parce qu'en 1848 le peuple veut tâter de la République tant promise, qu'il la tient et ne veut pas la lâcher, voilà les mêmes hommes, à quelques exceptions près, qui ne veulent plus de la République ! Et pourtant si la France est aujourd'hui en République, demandez aux consciences des hommes qui ont agi, écrit, parlé de 1816 à 1847, qui a remis en mouvement les grands principes de 89: si c'est à eux que la France doit l'état dans lequel elle est, de quoi vous plaignez-vous? avez-vous peur de votre œuvre ?

Les hommes de 1792 à 1795, eux, ils ont été à la mort, peut-être parce qu'ils s'étaient trompés; mais certes ce n'est pas pour avoir trompé à leur profit.

Et puis, voyez-vous, Messieurs les citoyens qui faites les révolutions, je trouve la partie assez belle pour qu'elle coûte un peu de sang à celui qui la perd.

Je ne sais, mais je crois au bon instinct du peuple.

Qu'il serait bon si on ne le trompait pas ! Il devient alors défiant, et chez lui la défiance c'est de la colère, et dans sa colère ce qu'il touche il le brise, même un trône.

Si l'Assemblée avait eu comme corps le courage qu'elle peut avoir individuellement, je crois qu'on ne parlerait plus de canons.

Les gens qui parlent de canons pourraient avoir la colère de la peur.

Voyez ce que c'est de ne pas savoir ou n'avoir pas le courage de faire les choses en leur temps ; ça devient plus difficile, quelquefois impossible.

Dites à un malade : On vous fera demain telle opération; il s'y prépare, il vous attend, il est décidé au sacrifice. Vous ne venez pas au jour dit; le lendemain c'est fini, il ne veut plus, et il meurt de son mal.

Vous avez des abus à détruire presque partout; vous le dites, vous promettez la réforme, et ne voulez ni n'osez toucher au mal. Il y a tant de gens qui ne vivent que des abus ! Vous avez une banqueroute à éviter ; eh bien, vous n'osez pas dire à la société qui vous a confié sa guérison : Il faut prendre ce remède. — Et la société n'est pas guérie. Elle cherche à se guérir elle-même à tout prix, par tous les moyens; les médecins l'ont ou trompée ou abandonnée : elle en appellera aux empiriques, et alors......

Le 24 février, si Louis-Philippe fût venu à la chambre, il serait encore sur le trône ; mais le cœur lui a manqué ; c'est naturel, bien mal acquis porte malheur.

Le 27 février, même année, M. Lamartine aurait pu être président de la République, s'il n'avait pas été M. de Lamartine, cet homme qu'on aime, qu'on admire en le lisant, dont on cherche les actes quand il a parlé.

Il y a bien des gens qui, après avoir lu les *Girondins* avant le mois de février, ont cru que M. Lamartine était républicain.

Après février, ils ont eu la preuve que M. Lamartine était, lui, un grand écrivain.

M. de Lamartine pouvait être un grand ministre sous un Roi absolu ; il a de ce qui fait les grands hommes en des temps calmes.

Mais en révolution le moment est passé d'écrire et de parler; il faut agir. M. Lamartine aurait dû être la tête, M. Ledru-Rollin le bras.

Si avant un an les politiques de 1849 n'ont pas arrangé les affaires sans l'intervention du peuple, le peuple les fera tout seul ; il les fera mal, c'est possible ; mais il en finira comme ce plaideur qui disait au magistrat qui ajournait sa sentence : — Condamnez-moi, mais finissons-en.

Le peuple défait, c'est son rôle.

Les politiques devraient faire les affaires de tous, pour que le peuple ne défît pas celles de quelques-uns.

Promettre au peuple et ne pas tenir, c'est aussi dangereux qu'il est stupide de lui promettre ce qu'on ne peut lui donner.

Le peuple est un peu comme les enfants : vous perdez sa confiance si vous lui manquez de parole.

Avec le peuple il ne faut pas dire ni mettre en pratique cet adage du fripon : Promettre et tenir sont deux.

Ce n'est pas le peuple qui est difficile à contenter, c'est de satisfaire les ambitions des grands, toujours prêts à oublier le peuple.

Un grand malheur, c'est que les abus soient la pâture d'un grand nombre aujourd'hui.

Aujourd'hui, vous ne voulez pas qu'on fasse une petite saignée à vos fortunes, la plupart nées des abus ; demain il la faudra plus forte, et après le mal sera incurable. La peur comme la propriété rendent égoïste. C'est peut-être pour cela que le peuple dit qu'il n'attend rien de vous.

Faire de bonnes et larges lois aujourd'hui est chose facile si vous le voulez bien ; mais veuillez-le donc.

Pour forcer, en 1792, la noblesse et le clergé à faire ce qu'ils ne voulaient pas, il a fallu faire intervenir le peuple sous le nom de tiers-état.

Aujourd'hui, il n'y a plus de noblesse à ruiner, de clergé à dépouiller, mais des bourgeois à désargenter ; et c'est difficile, ces gens-là sont un peu rebelles ; ils ont oublié qu'ils étaient peuple hier, et ils ne veulent pas y revenir.

La noblesse défendait un principe ; la bourgeoisie, aujourd'hui, son argent et les jouissances d'amour-propre.

Les riches d'aujourd'hui disent avoir remplacé la noblesse ; aussi veulent-ils qu'on les croie des *gens comme il faut.*

Quel est ce Roi qui disait qu'il fallait *cent ans pour faire un gentilhomme?* Ce mot est plus profond qu'on ne croit.

Je voudrais savoir ce qu'il faut d'écus à un bourgeois pour le contenter.

On a dit au peuple, en 1792, et encore après : Les nobles vous traitaient en esclaves. — Il a chassé les nobles.

Aujourd'hui on dit au peuple : La bourgeoisie exploite l'homme par l'homme.

Ce qui veut dire que, quand certain bourgeois fait travailler un homme du peuple, il sait sa misère, ses besoins ; et alors il spécule, il l'exploite ; et, loin de lui payer le prix convenu, il escompte sa propre obligation en l'ajournant, en laissant augmenter les besoins du pauvre qui a faim, lui et les siens.

Cela s'appelle savoir faire.

Le temps dira un jour quelle était la moins mauvaise des époques.

On pourrait dire du peuple qu'il vaut mieux que sa réputation.

Quand le peuple sera-t-il donc éclairé ?

Quand il aura du pain assuré par le travail honnête et de longue durée, et que les riches et le gouvernement cesseront de soudoyer des plumes et des langues perfides pour le tromper, lorsque l'intérêt des riches et celui du gouvernement seront confondus avec celui du peuple.

Un grand travers de notre époque, c'est de glorifier le peuple quand on a peur de lui ou qu'on veut l'exploiter, ou de le calomnier quand on le croit vaincu.

Jetez les yeux d'un an en arrière ; c'était le peuple souverain, le magnanime, le grand, le noble. Les peureux lui disaient : Au peuple, la patrie reconnaissante.

Aujourd'hui c'est une masse d'insurgés, de misérables. Croyez-moi, ayez peur des gens qui n'ont plus peur, ils sont d'autant plus cruels.

Revenons aux maux à réparer.

Bien des gens ont donné leurs idées pour réparer bien des choses, les finances d'abord, et je ne vois rien encore de réglé.

Vous croiriez avoir fait bonne chose en réduisant tel impôt, plutôt pour satisfaire une idée du peuple que pour réellement détruire un mal ;

Aussi, en diminuant les prix du travail de gens qui servent l'État, toujours de petits moyens.

Si tant de gens sages, les hommes d'expérience de 1830 à 1848, les faiseurs de quasi-légitimité, de République à bon marché, n'ont rien trouvé, qui trouvera ?

Vous voulez des revenus, vous voulez détruire les abus.

Voyons en finances :

1° La France immobilière est bien grevée, et de bonne foi, disons-le ; les débiteurs ne paient ni capitaux ni intérêts ; les créanciers dès lors, ne touchant pas, ne font pas avec leurs capitaux une circulation.

Décrétez les bons hypothécaires, c'est-à-dire que la République fasse à bon marché ce qui coûte si cher au peuple, les notaires, avoués et lois fiscales aidant, c'est-à-dire que la République se substitue aux créanciers par voie de transport par acte administratif, après estimation préalable, bien entendu ; et que Pierre, créancier de Paul de 20, 30, 50, 60 mille francs, reçoive de l'État pour autant de bons hypothéqués ayant cours forcé ; puis Paul paiera 3 pour cent à l'État, la République accordera terme et délai à Paul, qui de ce jour ne sera plus écrasé par un intérêt de 5 pour cent, mais qui en réalité est de 8, 9 et 10 pour cent ; demandez aux notaires, aujourd'hui les agents de la finance et de l'usure.

Cela ne coûtera pas cher à la République qui, sans bourse délier, recevra des capitaux immenses par le produit des intérêts à 3 pour cent.

Comment, de 1792 à 1798, a-t-on fait pour adjuger les biens nationaux? La République a-t-elle pris des notaires, des avoués? N'a-t-elle pas facilité les modes de paiement des prix d'adjudication? Et vous aujourd'hui, grands propriétaires, fils de possesseurs de biens dits nationaux, vous ne devez pas trouver mauvais que la République rouge de 1792 ait si mal fait.

Oui, on a dû faire ces calculs, mais on a voulu les trouver mauvais. Il y a tant de gens qui se verraient ruinés ; et comme ces Messieurs sont les faiseurs de nos lois, ils n'en veulent pas de cette étoffe-là.

Là, voyons un petit exemple de la bonté de cette loi des bons hypothécaires :

Un homme est créancier de 30,000 francs, par hypothèque ; il ne reçoit ni le capital ni les intérêts, mais l'immeuble est là. Il cherche à vendre sa créance ; mais, hélas ! à quel prix faut-il la céder? On appelle cela faire des affaires. S'il recevait de l'Etat ces 30,000 francs en bons hypothécaires, il en ferait la dot de ses enfants, ou, dans l'industrie, un revenu, une augmentation de fortune.

Voilà pour les bons hypothécaires ; ne pas vouloir c'est fermer les yeux à la lumière ; c'est pis, c'est ne pas vouloir le bien de son pays. Voyez-vous, quand pour avoir un capital sur votre immeuble, nous n'aurions qu'à présenter notre demande au préfet de notre département en justifiant de la valeur de notre bien ou de la bonne position de notre créance, lequel, comme en matière administrative, se fait faire un rapport lorsque l'Etat achète des biens pour des routes; nous nous passerions de financiers, d'usuriers, de notaires, de gens d'affaires, d'enregistrement, de papier timbré. Dans dix ans le bien-être public ainsi fait serait votre récompense.

Ah! je sais bien que vous, les *satisfaits*, vous allez crier comme les anguilles de Melun : *Mais vous supprimez les revenus de l'Etat, et alors les services sont paralysés, suspendus, désorganisés*. Bien, allez, mes trop chers; mais il faut s'expliquer et compter ; et vous prenez pour peu les revenus à 3 % de tous ces capitaux qui seraient bien payés par les débiteurs allégés, et les capitaux en bons hypothécaires n'auraient pas coûté cher à l'Etat.

Quant aux immeubles vierges, on ne forcera pas les propriétaires de s'adresser à l'Etat pour avoir des bons hypothécaires quand ils voudront emprunter ; ils iront trouver le capitaliste, le notaire, l'usurier. Cela sera leur affaire, et quand ils seront malades, ils reviendront à la mère commune, la République, qui les traitera comme jadis l'enfant prodigue a été reçu.

Les bons hypothécaires et le mode de paiement feront concurrence aux écus et aux frais si coûteux ; où est le mal? N'oubliez pas, chers lecteurs, que ce sont les idées d'un fou.

Les hommes de 1830 à 1847 ont fait tant de bien!

Voulez-vous encore des ressources ?

Pourquoi les mutations de la rente ne sont-elles pas soumises aux mêmes droits que la propriété immobilière ? Cela vous ferait quelques écus, ou bien les capitaux reviendraient à la terre, au commerce, à l'industrie. Quel malheur encore?

A la vérité vous n'auriez plus ce scandaleux spectacle de gens de bourse, la honte de notre époque. C'est de cette boutique que sont sortis bien des blessés, sans compter les morts et l'immoralité, cela ne compte pas.

Vous parlez toujours d'enquêtes en politique, qui souvent ne sont que des moyens de taquins; mais ordonnez-en une à cet endroit, et vous serez honteux de n'avoir pas fermé ce nouveau temple de marchands et de Juifs.

Pourquoi aussi, en matière de testament ou donation, ne prenez-vous pas le quart de la somme donnée à des étrangers? En quoi cela serait-il immoral ? Qui refusera un legs, une succession à laquelle il n'avait aucun droit, pour n'en avoir que les trois quarts?

Qui sait? cela ramènerait peut-être la moralité dans la transmission de son bien; les familles y gagneront, peut-être les bonnes mœurs.

Qui sait? bien des crimes, de basses actions ne récolteraient peut-être plus leurs fruits.

Je suis trop fou pour être financier; mais je crois que le trésor n'y perdrait pas, et que par là on retrouverait ce que l'on aurait perdu, en faisant tant de bien.

Si nos grands hommes avaient autant de bonne foi, de désintéressement, qu'ils disent avoir de talent, peut-être trouveraient-ils qu'il y a parfois un peu de bon dans mes folies. Qu'est-ce que la folie? a dit M. de Lamartine: c'est l'avortement d'une pensée forte. Mais non, tout est bien, très-bien, chantent-ils sur tous les tons. Louis-Philippe est parti, tant pis pour lui, c'est un..... de moins, voilà tout. Gardons les abus puisqu'il nous les a laissés, et vivons.

Ne croyez pas, lecteurs de toutes les couleurs, que bien des gens en France tiennent aujourd'hui à telle ou telle forme de gouvernement; être royalistes, républicains, ou cosaques, peu leur importe. C'est de rester comme ils sont qu'il leur faut. Voyez-les aujourd'hui; ils n'ont plus peur. Aussi, à l'ombre des préoccupations politiques, comme les abus ont repris leur mouvement habituel, partout l'exploitation a recommencé. Voyez comme on vend les biens à vil prix, comme les usuriers s'agitent, les huissiers courent. Tout cela vous ne le subiriez pas si, depuis six mois, les républicains, honnêtes, actifs, avaient voulu travailler à faire de bonnes lois, détruire des abus. Mais non, la peur est passée, rien ne doit plus changer. Et toi, peuple, reste peuple, paie; nous en voilà encore quitte une fois de ta colère. En définitive, elle t'a coûté ton sang, et nous, les heureux, les *satisfaits*, nous n'avons eu que le mal de la peur.

Puis, quand nous crions, ils disent : Faisons crier par nos journaux l'ordre! nous voulons l'ordre!

Cela veut dire : Ne touchons à rien de ce qui est; hommes et choses, restez en place.

Quand Louis XVIII a dit en 1816 : Je reviens, c'est un Français de plus, — rien n'a été changé. Nous avons été satisfaits; et même, grâce à une escobarderie dans la loi de 1816, nous avons[1] de nos titres d'officiers ministériels, notaires, avoués, huissiers, greffiers, commissaires-priseurs, agents de change, fait des charges *nos propriétés* que nous avons vendues des 800,000 fr., des 600,000 fr., des 400,000 fr., des 300,000 fr., des 200,000 fr., et enfin jusqu'aux huissiers qui ont vendu jusqu'à 195,000 fr. le droit de ruiner les créanciers et les débiteurs. Oui, ruiner, demandez des renseignements, des rapports; n'est-il pas scandaleux que les frais d'actes et émoluments des agents judiciaires ne soient pas proportionnels?

Voyez tous les jours le débiteur d'une dette de 50 fr., 100 fr., 150 fr. payer le double en frais judiciaires.

Soyez débiteur de 100,000 fr. cela ne vous coûtera pas plus, parce que le créancier aura intérêt à ménager son débiteur; mais le débiteur d'une petite dette, l'ouvrier en chambre, le petit marchand, le boutiquier, lui, il sera écrasé.

Et vous voulez des améliorations, détruire les abus? non, non.

En 1830, Louis-Philippe a pris la place de Charles X, simple question de famille; il a dit : Je suis la meilleure des Républiques, et ils ont encore été satisfaits.

Enfin en 1849, les mêmes disent : Nous voulons l'ordre, la République honnête et modérée; cela veut encore dire : Laissez les choses comme elles sont, et les abus allant.

Du patriotisme, point; du désintéressement, point.

Pour finir, permettez-moi de vous faire cadeau d'une dernière preuve de mon état de folie.

Je ne m'explique pas comment, en mai 1848, en mai 1849,

il y a eu des gens, fort honnêtes gens, je crois, qui ne sont pas républicains, qui jamais ne l'ont été, qui jamais ne le seront; d'autres qui l'ont été pendant quelques années; mais qui ne le sont plus et ne le seront jamais, soient venus briguer l'honneur d'être *représentants du peuple souverain*, soient venus dire à la France, au peuple : Nous sommes républicains, nous voulons faire des lois républicaines; nous jurons que la France, grâce à nous, ne sera jamais royaliste (paragraphe 1er du préambule de la Constitution); nous, royalistes, quasi-royalistes, nous y engageons notre honneur, notre nom, l'avenir politique des nôtres; ma foi, je me suis dit : Bien fou qui y croit.

En 1830, j'ai vu de braves royalistes refuser leur concours, leur serment à la révolution de 1830, à la charte de 1830, à la meilleure des Républiques, au gouvernement à bon marché; mais ils ont tenu leurs promesses, et aujourd'hui je les retrouve comme en 1830 ; ils ne sont rien , ils veulent n'être rien ; c'est rare, dit-on, mais c'est beau.

Et vous, Républicains à 25 fr. par jour, de même maison, de même fortune, de même âge, vous n'avez pas ainsi fait.

Vous allez dire que je suis bien fou, que je ne connais pas les replis du cœur humain; qu'on se doit à son pays; qu'on ne peut laisser la patrie tomber en de méchantes mains; eh bien! moi qui suis fou, vous allez le voir par mon nom de vieille date, j'aurais assez confiance en ces gens-là pour le conseil, j'aurais plus de tranquillité en leur confiant les intérêts du peuple : ces gens-là qui ne se sont pas mis à table à tous les banquets, doivent être plus sobres de bien des choses.

CONCLUSION !!

Le tocsin de la révolution est de nouveau en branle dans tout le monde dit civilisé.

Les gens qui ont assisté aux matines ne seront pas aux vêpres; le peuple ne veut plus que cela finisse en faux-bourdon.

Et vous, hypocrites révolutionnaires, vous serez submergés.

Vous l'aurez voulu, non; vous l'aurez mérité.

Et dans le ciel lisez : *République, règne des peuples !*

Pauvre France, qui te sauvera !

Mais, consolez-vous,

Je suis fou.

TRIBOULET.

POISSY. — TYPOGRAPHIE ARBIEU.

www.ingramcontent.com/pod-product-compliance
Lightning Source LLC
LaVergne TN
LVHW010252230826
846091LV00007B/2923

* 9 7 8 2 0 1 2 9 4 0 7 6 5 *